La asombrosa línea de montaje

Trabajar al mismo tiempo

Theresa Morlock

COMPUTACIÓN CIENTÍFICA EN EL MUNDO REAL™

Rosen Classroom™

Publicado en 2018 por The Rosen Publishing Group, Inc. 29 East 21st Street, New York, NY 10010

Autora: Theresa Morlock
Traductor: Alberto Jiménez
Directora editorial, español: Nathalie Beullens-Maoui
Editora, español: María Cristina Brusca
Editora, inglés: Caitie McAneney
Diseño del libro: Jennifer Ryder-Talbot

Todas las ilustraciones por Contentra Technologies

Library of Congress Cataloging-in-Publication Data

Names: Morlock, Theresa.
Title: La asombrosa línea de montaje: Trabajar al mismo tiempo / Theresa Morlock.
Description: New York : Rosen Classroom, 2018. | Series: Niños digitales: Superdotados con pensamiento computacional / Computación científica en el mundo real | Includes glossary and index.
Identifiers: LCCN ISBN 9781538358368 (pbk.) | ISBN 9781538329108 (library bound) | ISBN 9781538358375 (6-pack) | ISBN 9781538358382 (ebook)
Subjects: LCSH: Assembly-line methods--Juvenile literature. | Ford, Henry, 1863-1947--Juvenile literature.
Classification: LCC TS178.4 M8417 2018 | DDC 670.42--dc23

Créditos fotográficos: Cubierta, Betastock/Shutterstock.com; p. 5 Hamik/Shutterstock.com; p. 6 Everett Historical/Shutterstock.com; p. 8 Stanislaw Tokarski/Shutterstock.com; p. 11 https://commons.wikimedia.org/wiki/File:Ford_assembly_line_-_1913.jpg; p. 12 OVKNHR/Shutterstock.com; p. 15 Nataliya Hora/Shutterstock.com; p. 16 Usoltceva Anastasiia/Shutterstock.com; p. 19 https://commons.wikimedia.org/wiki/File:A-line1913.jpg; p. 21 xieyuliang/Shutterstock.com.

Fabricado en Estados Unidos de América

Información de cumplimiento CPSIA Lote #WS18RC: Si desea más información póngase en contacto con Rosen Publishing, New York, New York, teléf. 1-800-237-9932

Contenido

¿Qué es una línea de montaje?

Es la organización de los obreros, la maquinaria y el equipo de una fábrica. Con ella, el objeto que se fabrica pasa de un puesto de trabajo al siguiente hasta que se completa. Cada uno de los pasos de la fabricación se acaba de manera **simultánea**, por lo que cuando un artículo se acaba hay otros empezados. De esta forma se aumenta la **eficiencia** de la producción.

Antes del siglo XIX, la mayoría de los objetos se elaboraban a mano. La **Revolución Industrial** popularizó las máquinas en las fábricas. Después, en 1913, un **industrial** estadounidense llamado Henry Ford inventó la línea de montaje móvil, que permitía fabricar muchos productos muy deprisa, y cambió el sistema productivo del país.

Esta foto muestra la línea de montaje de una fábrica moderna de autos.

¿Quién fue Henry Ford?

Henry Ford nació en 1863 en el condado de Wayne, Michigan. De niño, trabajaba en la granja familiar con sus hermanos y asistía a una escuela de una sola aula. A los dieciséis años, se trasladó a Detroit para trabajar en un taller mecánico.

A los pocos años tenía su propio taller, donde empezó a inventar automóviles. En 1896 acabó un primer carruaje sin caballos al que llamó *cuadriciclo*, porque se movía sobre cuatro ruedas de bicicleta. En 1899, con el apoyo de **inversores** adinerados, fundó la Compañía Automovilística de Detroit, donde experimentó con el proceso de producción a fin de crear un producto perfecto.

El cuadriciclo, que se ve en la foto, se movía con un motor de gasolina.

Antes de la invención del modelo T, los autos se consideraban objetos de **lujo** destinados a los ricos. El modelo T se pensó como un coche práctico accesible para todos.

El modelo T

Al cabo de un año, Ford dejó la Compañía Automovilística de Detroit y pasó un tiempo diseñando autos de carreras y buscando financiación. En 1903 fundó la Ford Motor Company, cuyo primer auto se llamó *modelo A*. Los autos sucesivos, cada vez más perfeccionados, recibieron las siguientes letras del alfabeto. En 1907 el modelo N llegó a ser el más vendido del país.

El modelo T, comercializado en 1908, se hizo muy popular y se vendió bien. Era fácil de usar, fuerte y accesible. El único problema de Ford era que la fabricación de su nuevo modelo no llegaba a satisfacer la demanda. Necesitaba fabricar más autos más deprisa.

La primera línea de montaje

En 1913 Ford **incorporó** la primera línea de montaje móvil, basándose en los métodos de producción de las industrias de conservas y de empacado de carne. En otras compañías los autos se montaban de uno en uno, pero en la de Ford se montaban sin parar, es decir, se montaban muchos a la vez.

Las piezas avanzaban sobre **cintas transportadoras** de cuerdas y **poleas**. Los obreros permanecían en un sitio, ensamblando las partes que pasaban por la cinta. En lugar de haber un trabajador dedicado a muchas tareas, había muchos trabajadores dedicados a una sola. Esto aumentó la producción de 100 a 1,000 autos diarios, cifra que fue aún mayor cuando la cinta **mecanizada** sustituyó a la de poleas.

Obreros de la línea de montaje de Ford en 1913.

En la línea de montaje, varias partes de un proceso se hacen a la vez. Esto permite la producción de muchos artículos al mismo tiempo.

Acelerar la producción

La línea de montaje móvil permitió que la fabricación del modelo T, que antes era de unas 12 horas, se redujera a 1.5 horas. Al acelerar la producción, Ford disminuyó aún más el precio de su auto.

Por desgracia, a sus empleados no les gustaba su trabajo, repetitivo e interminable. Debían estar en el mismo sitio todo el día, haciendo la misma tarea una y otra vez. La compañía se veía obligada a emplear 53,000 personas al año para sustituir a las que se iban.

En 1914 Ford subió el sueldo a cinco dólares diarios, casi el doble de la cantidad anterior. Así los obreros estaban más dispuestos a quedarse y ahorraban el dinero suficiente para adquirir su propio modelo T.

Los cuatro principios

La línea de montaje de Ford se basaba en cuatro principios: partes intercambiables, flujo continuo, división del trabajo y reducción del esfuerzo inútil.

Las partes intercambiables eran las piezas fabricadas de la misma forma. Para hacer a la vez muchos modelos T, cada una de las piezas que los componían tenían que encajar en cualquiera de ellos. Al igual que los autos completos, esas piezas tenían que fabricarse de forma **idéntica** y a gran escala.

Estas máquinas de una fábrica de autos son idénticas e intercambiables.

Las piezas intercambiables permiten que los operarios no especializados completen tareas: ¡basta con que junten las piezas! En el pasado, las partes individuales eran obra de hábiles artesanos, y no se podían intercambiar.

Este obrero monta un chasis en una moderna fábrica Ford. El chasis es el armazón del automóvil.

84 pasos

El flujo continuo significa que, mientras una parte del proceso se completa, otra comienza. Ford dividió el montaje del modelo T en 84 pasos y cada obrero era responsable de uno solo. Ford cronometró estos pasos para crear un flujo acelerado. Todos los pasos se hacían a la vez, por lo que, cuando un auto se acababa, ya había otros empezados.

A Ford le preocupaba desperdiciar tiempo y esfuerzo. El flujo continuo de la producción redujo el tiempo que se malgastaba al cambiar de tarea, ya que la cinta transportadora permitía a cada obrero quedarse en su sitio, sin tener que llevar las piezas de una parte a otra.

Montaje en acción

A cada obrero se le asignaba un puesto de montaje a lo largo de la cinta transportadora, cuya altura llegaba a la cintura. La cinta (de 150 pies, 45.7 m) transportaba piezas y equipo, y nunca se paraba. Cuando se completaba un paso, las piezas se desplazaban a la siguiente fase del montaje.

El chasis se bajaba a la cinta mediante una cadena. Los neumáticos se unían en el nivel superior del edificio y se entregaban a la planta baja por medio de rampas. Una vez ensamblados, el motor y el depósito de gasolina se acoplaban al chasis sobre la propia cinta. La carrocería se encajaba y se dejaba caer sobre el chasis con una polea. De este modo, los distintos pasos del proceso se completaban al mismo tiempo.

En esta foto de 1913 vemos a obreros de Ford colocando una carrocería en el chasis de un modelo T.

Impacto duradero

A finales de 1913, la compañía de Henry Ford producía la mitad de todos los autos fabricados en Estados Unidos. Su línea de montaje cambió la manera de elaborar muchos otros productos. La creación de versiones **estandarizadas** de numerosos artículos originó un mercado en que la gente que no era rica podía permitirse cosas como autos.

Pero no solo se modificó la producción, sino la sociedad estadounidense en sí. A principios del siglo XX, se pasó de la actividad agrícola a la industrial y de la vida rural a la urbana. La línea de montaje y la fabricación a gran escala crearon oportunidades laborales para obreros poco cualificados. Esto hizo posible que los **inmigrantes** y los granjeros sin experiencia en la industria consiguieran trabajo.

Cronología de las líneas de montaje

Enero de 1901

Ransom Olds patenta la idea de una línea de montaje.

1 de octubre de 1908

El automóvil modelo T se comercializa.

7 de octubre de 1913

Henry Ford crea su primera línea de montaje móvil.

1914

Henry Ford dobla el sueldo de los obreros de la línea de montaje y reduce la jornada laboral a ocho horas.

Enero de 1924

El modelo T alcanza su pico de producción, con 1.8 millones de autos al año.

1961

General Motors instala el primer brazo robótico para líneas de montaje.

Hoy

Hoy, la maquinaria especializada sirve para la producción en masa de autos.

La asombrosa línea de montaje

Pese a ciertas desventajas para los obreros, que se aburren de repetir lo mismo y pueden perder el empleo por ser fácilmente reemplazables, la línea de montaje sirve para crear casi cualquier cosa, desde algo tan simple como un sándwich ¡hasta algo tan **complicado** como un avión! Quizá todos hemos participado en una.

Es una parte crucial del sistema fabril estadounidense y mundial. Con el tiempo, ha evolucionado para hacer que la fabricación sea aún más eficiente y segura. Ahora se le han añadido robots que realizan tareas demasiado difíciles o peligrosas, y con más rapidez y precisión que los humanos.

Glosario

cinta transportadora: Banda continua de tela, goma o metal que sirve para llevar objetos de un sitio a otro.

complicado: Difícil de entender.

eficiencia: Capacidad para lograr un fin.

estandarizar: Hacer las cosas igual, según un tipo, modelo o norma.

idéntico: Exactamente igual.

incorporar: Agregar, unir dos o más cosas.

industrial: Propietario de una industria.

inmigrante: Persona que llega a un país distinto del propio para vivir en él.

inversor: Persona que apoya algo aportando dinero.

lujo: Algo que se utiliza por su comodidad o belleza, pero que no es necesario.

mecanizado: Dirigido por una máquina.

polea: Máquina simple que usa ruedas y cuerda para mover, subir o bajar una carga.

Revolución Industrial: Época de cambios sociales y económicos caracterizada por sus avances tecnológicos y científicos.

simultáneo: Que se hace a la vez.

Índice